***

LETTRE

A

M. de la M***, Ecuyer.

***

LETTRE

A

M. de la M***, Ecuyer,

Et de la Société Roïale d'Agriculture,

Par M. TREYSSAC DE VERGY;

En REPONSE à une LETTRE

A MONSIEUR

Le Duc de NIVERNOIS.

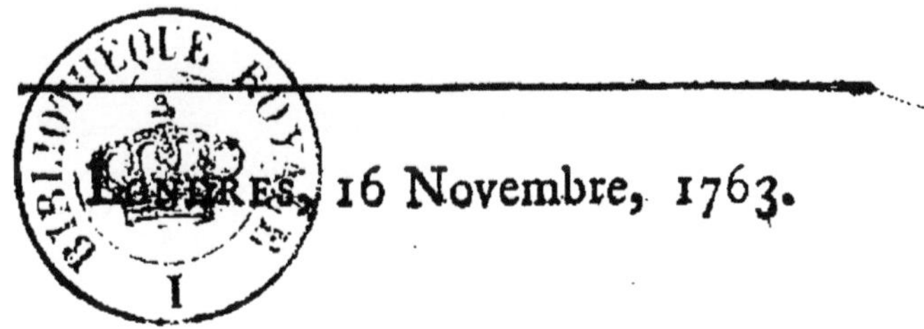

LONDRES, 16 Novembre, 1763.

A LONDRES.

MDCCLXIII.

LETTRE

A MONSIEUR

De la M * * *.

Déçidé par l'honneur à ne jamais repondre aux extravagances d'un fol, j'ai vû, Monsieur, avec le plus froid mépris, les calomnies abſurdes que ſes amis et lui-même ont répandû contre moi dans le public. Tout cela s'eſt dit, et s'eſt ſoûténu de leur part d'une maniere ſi plâte, & ſur un ton ſi ridicule, qu'ils ſont devenus les joüets et les mênus plaiſirs de quiconque les a connus. Flaté de l'aprobation dont les ſeigneurs du premier rang, et les ſociétés reſpectables

ſpectables qui deignent me reçevoir, ont ho-
noré ma conduite, je ne me ferais point ab-
baiſſé à entrer dans le détail que je vous en-
vois, ſi mes amis ne l'avaient exigé de moi.

La maxime favorite de ces prétendus par-
tiſans de D' * * *, eſt qu'il vaut mieux ſa-
crifier la réputation d'un particulier, quoique
injuſtement, que de laiſſer accréditer un
feul ſoupçon ſur celle d'un Miniſtre du Roi.
Rien de plus bas et de moins bien penſé. Il
apartient à des ames lâches de n'avoir pas
plus de délicateſſe. J'ôſe aſſurer, qu'il eſt
infiniment plus glorieux et plus intereſſant
pour la fociété de défhonorer cent Miniſtres
du Roi, qui ſont dignes de mépris, que de
flétrir l'honneur d'un Citoïen eſtimable.
Je fuis heureuſement dans un païs où l'on
juge des hommes par leur mérite perſonel,
& leur valeur réelle ; on ne s'y laiſſe point
éblouïr par l'eclat étranger qui les environne.
Comme il n'eſt point d'efclave, il n'eſt
point d'illuſion qui favoriſe les gens en place ;

le public les obferve, leur rend juftice, ou
les fifle.

Infulté, & défié à pied ou à cheval, en
prefence de Monfieur l'Amb---- de Fr---,
& de toute fa famille, par le Sieur D' * * *,
qui m'anonça n'être plus Miniftre du Roi,
mais fimple dragon; fon Excel---- le pria
de fe taire. D' * * * n'en fit rien, et il con-
tinua également & dans l'infulte et dans le
défi. J'allai chès lui le lendemain; ne
le trouvant pas, je laiffai mon nom à un
valet, avec ordre de dire à fon Maître
que j'aurais l'honneur de le voir le jour
fuivant entre 9 & 10 du matin. Ce même
jour le Sieur D' * * * fe trouvant chès le
Lord H---- y declara publiquement qu'il
me tuerait le lendemain avant dix heures
du matin, fachant, dit il, pofitivement que
je devais me trouver chès lui avant cette
heure là. Ces Nobles Lords furent ex-
trémement furpris de cet aveu. Ils lui firent
les répréfentations les plus fortes ; on lui dit,

A 4

que

que felon les loix, qu'il ignorait fans doute, il ferait pendu s'il me tuait. Tout fut inutile ; le Sieur D' * * * perfifta à vouloir me tuer. Sur une queftion qui lui fut faite, il repondit qu'il n'y avait rien contre mon honneur, mes principes, & mes fentimens ; que fon projet était feulement de me tuer, & qu'il le ferait. Son entêtement ne paffant pas, on fut obligé d'envoïer chercher des gardes. L'héroifme de D' * * * fe foutint. Quarante bataillons, dit il, ne lui feraient pas peur. Il falut cependant fe foûmettre. Il propofa de figner, mais à condition qu'il lui ferait permis de me tuer dans quinze jours. Ces feigneurs n'y aiant pas confenti, il figna, avec cette claufe indécente pour des Miniftres auffi refpectables, qu'il ne le fefait qu'à la feule confideration de fon Excellence.

Je me tairai fur les folies que le Sieur D' * * * fit avant & aprés cette fignature. La moitié fufirait pour interdire un citoïen

& l'éta-

& l'établir pentionaire à Bicêtre pour le reste de ses jours.

Le Jeudi matin, ignorant totalement ce qui s'êtait paffé la veille, je me rendis chèz le Sieur D'*** & je fûs introduit. Je vous attens depuis plus d'une heure, me dit-il ; je repondais à cela, lorfque m'interrompant avec vivacité, il me dit qu'il avoit deux papiers à me faire figner, & il me les préfenta. Je les lus, & les lui rendis en l'affurant que je n'en ferais rien. Vous les fignerès, me dit-il en fe levant avec fureur, ou vous ne fortirès pas de chez moi, & dans le même inftant il ferma toutes fes portes. L'indignité de ce procédé me révolta ; je lui demandai, fi fon intention était d'emploïer la violence. Il me repondit en jurant, qu'il était le Maître ches lui, & qu'il en agirait à fon gré. Je me récriai fur une pareille lâchêté. Il repondit qu'il s'en . . . . . & qu'il, fallait figner. Sur mon refus à le fatisfaire il tira un piftolet qu'il avoit fous

fon

fon habit, & le portant a ma tête il me ménaca de m'en bruler la cervelle fi je tardais une minute. Je lui dis qu'il pouvait me tuer, que je ne fignerais pas, ne pouvant abfolument me refoudre encore à le croire capable de cet excès d'infamie. D'**** devenu furieux fe précipite à la porte, apelle un valet, & lui ordone d'aller chez l'Ambaff----- de Fr----, lui demander deux de fes gens. Cet ordre était une preuve que le deffein de m'affaffiner était prémédité. D'*** trouvait fans doûte moins dangéreux pour lui de me tuer dans fa propre maifon, bien affuré du temoignage de fes gens. Je frémis d'horreur, en fongeant aux fuites cruelles d'une pareille cataftrophe. Je ne m'en occupai pas long-tems. D'**** revint en redoublant fes jurémens. La crime était dans fes yeux ; mais fa main étoit tremblante, fa démarche égarée, je pouvais me défendre, & peut-être avec fuccès ; mais quelque glorieux qu'il eut été, dans la malheureufe pofition où je me trouvais je

n'en

n'en perdais pas moins & l'honneur & la vie. Cette réflexion était défolente ; D' * * * me dévinant banda fon piftolet & allait faire feu, lorfque je criai que j'allais figner. D' * * *- parut incertain ; il ceda cépendant, & j'eus la liberté de fortir. A quelques pas de chès lui, je rencontrai fon valet accompagné de quatre autres, dont deux à la livrée de fon Excel------. Je n'ai jamais vû des gens plus fingulierement étonés. Un d'eux s'écria, Ah ! mon Dieu ! eh ! le voila. J'allai fur le champ chès Monf. le Chevalier Fielding, porter ma plainte de cette violence ; il y fut fenfible, me promit la juftice la plus prompte, & il envoïa auffitôt un ordre au Sieur D' * * * de comparaître.

Dans cet intervalle D' * * * était forti. Rencontrant un feigneur du premier rang, il arretta fon caroffe & lui raconta l'aventure du piftolet, telle que je viens de l'ecrire. Le cœur noble & généreux de ce Milord fut faifi d'indignation à cette nouvelle ; & il

lui

lui reprocha avec force d'avoir violé la parolle, qu'il avait donnée & ecrite la veille.

J'étais fur le point le lendemain Vendredi d'obtenir un ordre contre le Sieur D' * * *, lorfque par la médiation d'un Miniftre pour lequel j'ai le refpect le plus profond, & fur une politeffe de Monf. le Comte de Guerchy, je promis d'oublier cette afaire, d'autant mieux que l'on m'affura à n'en pouvoir douter que le Sieur D' * * * était abfolument fol.

Comme cette avanture, Monfieur, a donné lieu à une foule de propos abfurdes & calomniateurs, que D'* * * & fes partifans ont tenus & fait imprimér contre moi, j'ai cru devoir la rendre dans le plus grand détail & dans la plus exacte vérité. Beaucoup de gens pouvaient ne la connaître que dans les papiers publics, ou dans cette lettre difamatoire adreffée à Monfieur le Duc de Nivernois, que l'auteur a remplie de menfonges ;

& comme

& comme je n'avais deigné repondre ni aux uns ni aux autres, j'ai craint à la fin, qu'elle n'infpirat à une grande partie des habitans de cette ville des préventions défavorables à mon honneur & à mes fentimens. Je l'eftime trop pour ne pa vouloir la défabûfer.

Je me nomme Treyffac de Vergy. J'ai été connu en France fous ces noms là ; je les ai fait mettre à la tête de quelques ouvrages, & perfonne ne s'eft certainement jamais avifé de me les difputer. Il eft faux & impudent que je me fois dit le defcendant d'une maifon illuftre, autrefois fouveraine en Allemagne, & qui eft étinte depuis près d'un fiecle. La calomnie n'eft pas toujours éclairée ; elle eft quelquefois d'une ftupidité à faire trembler. On s'étudie à difamer un honnèt-homme ; on faifit le premier moïen, & l'on ne s'aperçoit pas que l'on tombe dans des inconféquences qui nous font méprifer. On aurait dû au moins ajouter que je me difais le *Comte de Vergi*. Cela aurait fait plus

B

d'effet

d'effet, puifque ce titre & ce nom étaient ceux de cette maifon Allemande.

Si c'eft par confidération que l'on m'a déguifé fous le nom de Du Vergier dans cette lettre indécente dont j'ai parlé, on m'a fait un vrai tort. Quand on n'y parait refpecter ni fa patrie, ni fon Ambaffadeur, ni le Miniftere Anglais, il eft glorieux pour un particulier d'avoir part aux mêmes traîts, & fon éloge eft précifément dans ce qui eft écrit pour le décrier.

J'époufai il y a cinq ans à Paris la fille de Madame de Fagan, née *Barone*, qui eft actuellement mariée avec Monfieur le Tourneur, ancien premier Commis de la Guerre. Cet homme, recommendable par fa probité & fes lumieres, a rempli très longtemps, & jufques au moment de fa rétraîte, cette place difficile avec une diftinction infinie. Monfieur le Comte de Guerchy le connait, & ne me prend certainement pas pour un inconnu.

inconnu. D' * * * n'ignorait pas qu'il ne tenait qu'à moi d'avoir aporté des lettres pour peu que je l'euſſe déſiré, puiſqu'il m'a avoüé lui-même que j'étais le ſeul Français qu'il récevait ſans en avoir, parcequ'il ſavait bien qui j'étais. Je l'ai vû trois fois chès lui, & toutes les trois fois j'ai eu la réception la plus flateuſe.

Je ne ſuis point de l'avis de ce pitoïable ecrivain qui prétend qu'un Capitaine de dragons, d'infanterie, &c. ne peut faire un bon Miniſtre ; c'eſt une abſurdité. Depuis qu'une excellente education et l'eſprit philoſophique ſe font repandus dans toutes les parties de l'Europe il n'y a pas un officier qui, par la diverſité de ſes connaiſſances et la noble émulation dont il eſt animé, ne puiſſe ſe montrer avec autant d'avantage dans une partie du miniſtere qu'à la tête de ſa troupe. Je ſuis convaincu que le Sieur D' * * * s'eſt toujours comporté en homme ſage, prudent, eclairé, & qu'il a juſtifié les faveurs de ſon

B 2

Prince.

Prince. Mais quel eſt l'homme qui puiſſe dire, Je n'aurai jamais la fievre, le délire, je ne deviendrai jamais fol ? Je crois qu'il n'y a perſonne dont cela dépende ; c'eſt être donc imbecile, & bien mauvais citoïen d'en prendre le droit d'inſulter aux choix de ſon Maître parceque le Miniſtre qu'il a nommé a perdu l'eſprit. Cet évenement eſt malheureux pour le Sieur D'*** ; mais on doit l'en plaindre, & non le mépriſer. Je ſuis certain qu'il aurait été incapable de ſang froid de ſe déſhonorer : J'aime à lui rendre cette juſtice.

Il m'inſulta, & défia à pied, ou à cheval, comme dragon, déclarant ſolemnellement pluſieurs fois qu'il n'était plus Miniſtre du Roi ; ſon Excel---- en a été le temoin ; elle ne le niera jamais. Je vis dans cet aveu la preuve d'un procédé généreux, pendant qu'elle était celle d'une folie achêvée. Je n'ai point l'art de déviner ; perſonne ne me déſabuſant, j'y ajoutai foi. J'y étais d'autant

plus

plus fondé que Monf. l'Ambaffadeur etant
ci depuis plufieurs jours, il était cençé que
le Sieur D'*** avait préfenté fes lettres de
rapel.

Il eft donc vrai que j'ai été infulté le premier; ainfi quand j'aurais envoïé un cartel,
ce que je n'ai pas fait, je vengeais mon honneur outragé, non contre un Miniftre du Roi,
mais contre un fimple dragon; & je ne me
rendais confequemment pas criminel de leze
Majefté, comme on a eu la témérité de le
faire imprimer.

Il ne faut pas croire qu'un particulier, qui
fe trouverait à Paris, dans une affaire auffi
défagréable avec le Miniftre d'une cour étran-
gere, ferait envoïé fur le champ à Bicêtre.
Il eft contre la raifon, la nature, & le droit
des gens, de fupofer que l'on enfermera un
honnêt-homme parcequ'il aura eu le mal-
heur d'avoir été maltraîté par un fol. Il
n'eft que très peu de têtes fur la furface de

ce

ce globe où de pareilles erreurs puiſſent s'in-
ſinuer, & y prendre une réalité.

Si un Miniſtre, n'étant pas afsès extravagant pour vouloir tuer ſon ennemi ſans ſe
bâtre avec lui, eſt afsès généreux pour lui
rendre raiſon de l'inſulte qu'il lui a fait ; dès
lors ſa bravoure eſt déplaçée. Il doit atten-
dre ces moments où, ceſſant d'étre l'homme
de l'état, il retourne à celui de ſociété, où
l'honneur commandant en deſpôte ſur chaque
individu fait taire à ſa voix & la réligion
& l'humanité. . . . . Je retraiterai ces objets
dans ma lettre au Miniſtre.

Mon amour pour les belles lettres, &
mon admiration pour ce peuple ingénieux &
guerrier qui a rempli tout l'univers du bruit
de ſon nom, de ſa gloire, & de ſes talens,
ont été les motifs uniques de mon voïage
dans cette ville. J'ai voulu aquérir dans la
converſation des hommes ſavans, qui en ſont
l'honneur & les délices, une partie de leur

vertùs

vertus & de leurs lumieres. J'ai eu la noble
ambition de chercher à en être eftimé, &
leurs bontés m'ont flâté du plus doux efpoir.
J'ai trouvé parmi eux un protecteur auprès
d'un Miniftre judicieux, eclairé & bienfaifant
dans cette afaire cruelle, où l'on croïait
oprimer fans peine un étranger que l'on
imaginait fans apuï. La modeftie de cet
homme célébre, eftimé de tous les Anglais, me
défend de le nommer. Je n'en ai point connu
qui fait à un dégré auffi eminent & le plaifir
de la fociété & celui de fes lecteurs. Il eft
infiniment rare de réünir ces deux contraftes ;
ils font un don de la nature & du génie, &
forment le vraïement grand homme dans tout
état policé.

On m'a obligé, par des fatires injurieufes à
rendre un compte, & de ce que je fuis, & des
raifons qui m'ont déterminé à venir à Londre.
Cette confeffion était indifpenfable, parce
que l'eftime fentie que l'on peut infpirer par
la fageffe de fa conduite, & la pureté de fes

B 4   mœurs,

mœurs, fait toujours moins de progrès que le mépris fur parolle, qui trouve malheureufement trop d'accès dans l'efprit de bien de gens. A force de répéter des calomnies on parvient fouvent à les faire croire ; ce n'eft pas que l'on en fait d'abord abfolument convaincu ; mais la malignité qui a toujours un panchant irréfiftible à jouïr des difgraces d'autruï fe plaît à les croire fondées ; & ce plaifir dans des àmes làches mêne à la fin à la perfuafion.

Que l'on ferait afsès extravagant pour faire imprimer que j'ai prié le Sieur D'* * * de me préfenter à la cour, cela me paffe. Un particulier qui a négligé d'avoir des lettres pour le Miniftre de fon Roi, peut il fans être décidément un fôt l'intereffer à cette démarche ? Il faut du moins du vraiffemblable & je ne vois partout que de la folie.

On affure dans un autre endroit que j'ai dit au Sieur D'* * *, que je connaîffais particuliere-

culierement Monſieur le Comte de Guerchy.
Autre fauſſeté auſſi palpable que les précé-
dentes, & pour la preuve de laquelle je m'en
raporte à ſon Excellence qui ſait à n'en pouvoir doûter que cela n'eſt pas vrai.

Peut on lire ſans la plus vive indignation les
expreſſions indécentes dont l'auteur de cette
lettre ſe ſert également, & contre la cour de
France & contre le Miniſtere Anglais. Celui là ſeul mérite d'être régardé comme un avan-
turier, qui traitant avec indignité ſon Maître,
& ſes Miniſtres, parait aficher, par un éclat
auſſi ſcandaleux, qu'il eſt dans une ſituation à
n'en eſperer aucunes faveurs, ou à ne rien
rédouter de leur juſtice.

Il n'eſt que cette eſpece de gens qui puiſſe
s'élévér avec autant d'impudence, par l'aſſu-
rance de l'impunité, contre ſon Roi & ſa Patrie. C'eſt la marque infaillible, où vous re-
connaîtrès un homme ſans vertus, & le fléau
de l'honneur & de la réligion.

Un

Un honnet-homme, quoique indigent & fans ce mérite, qui n'a befoin que de paraître pour obtenir ne ceffe pas d'étre citoïen ; il en connait les devoirs ; ils lui font facrés, & il les remplit avec zéle. Sachant refpecter l'état dont il eft une partie, vous ne l'entendrès pas parler, vous ne le verres pas ecrire contre la forme de fon gouvernement qu'il crait certainement la meilleure, par fa confience dans un Maître qu'il aime, & dans des Miniftres qu'il eftime.

Il n'a point été queftion de cartel chès un Sécretaire d'Etat. Le Sieur D'* * * n'y propofa point de fe batre avec moi, & les Miniftres qui s'y trouvaient, ignoraient le defi qu'il m'avoit fait. Deux heures après être forti de table, & dans le moment où l'on s'y attendait le moins, le Sieur D'* * * fe leva tout d'un coup en s'écriant qu'il tuerait le lendemain, avant dix heures du matin, le Sieur de Vergy, & pendant plus de trois heures il réité-

ra

ra cette exclamation qu'il coupa & nüa de beaucoup de folies. Il fut impoffible de s'y méprendre, & le Sécretaire d'Et. .. le plus doux & le plus moderé des hommes, fut éfraïé des malheurs-défhonorans où ce furieux allait fe précipiter s'il n'arretait fes deffeins. Dans l'impuiffance où l'on fut de lui faire entendre raifon, la garde fut apellée ; la crainte feule d'ê- tre arreté, rapella fes efprits & le rendit à lui- même ; il reflechit, & figna fans avoir vû ni baïonette ni fufil qui l'y obligeat. On apelle cela *emploïer des moïens forcès* ; c'eft être bien injufte & bien ingrat ; mais que doit on at- tendre d'un ecrivain mercenaire, l'efclave de fes befoins, & qui s'eft vendu aux interets d'un fol ? La France entiere vengera ces Mini- ftres refpectables par fa reconnoiffance éternelle pour un procédé auffi généreux.

De quel oeil Monfieur le Duc de Nivernois recevra-t-il cette lettre, que l'on a eu la har- dieffe de lui addreffer ? Il eft bien aifé de le deviner. Si ce Seigneur, non moins digne de

nos

nos homages par la beauté de fon génie que par l'éclat de fa naiſſance, deigne la parcourir, il en méprifera & l'auteur, & fon fiſteme, & fes injures, et fes éloges, & il la jettera au feu. Ecrire à un des plus éclairés & des plus grands politiques du fiécle des maximes d'adminiſtration auſſi plâtes, & auſſi triviales ; c'eſt en verité perdre la qualité d'homme, & donner dans le démence. Le public ne fiſerait il point un miferable verfificateur qui prétendroit inſtruire Voltaire dans l'art des vers? & fa famille éperdu, défolée, n'apellerait elle pas fur le champ des medecins pour lui ordoner un regime ?

L'auteur de cette lettre a donné à quelques petites groſſieretés un tour aſſés aifé ; c'eſt en quoi aïant paſſablement réüſſi je lui confeille de s'y livrer uniquement ; il pourra par ce moïen occuper la fcene pluſieurs femaines & fe foutenir avec quelque déçence. Il n'eſt pas dangereux d'infulter de deux jours l'un des honnetes citoïens, qui vous regardant avec pitié

pitié se croiraient trop humiliés s'ils prenaient
la peine de vous repondre.

Vous qui me connaissés, Monsieur, & qui
par cette raison m'honorés depuis long-tems
d'une amitié dont rien n'a jamais pû afaiblir
le sentiment, voïés moi de grace sans indignation, me présenter de sang froid dans la car-
riere pour en disputer l'honneur avec des fols
& des insensés. Ma complaisence pour mes
amis m'a forcé à ce combat inégal. Trouvés,
je vous prie, dans la nécessité de leur plaire une
excuse à ma faiblesse ; qu'elle augmente même
s'il est possible mes droits à vôtre estime & à
vôtre amitié.

Je suis très parfaitement,

MONSIEUR,

Votre très humble Serviteur & Ami,

TREYSSAC DE VERGY.

Londres,
Ce 16 9bre, 1763.

www.ingramcontent.com/pod-product-compliance
Ingram Content Group UK Ltd.
Pitfield, Milton Keynes, MK11 3LW, UK
UKHW021717090726
13657UKWH00005B/2301